HENRI LAMBERT,

AVOCAT.

VERSAILLES.

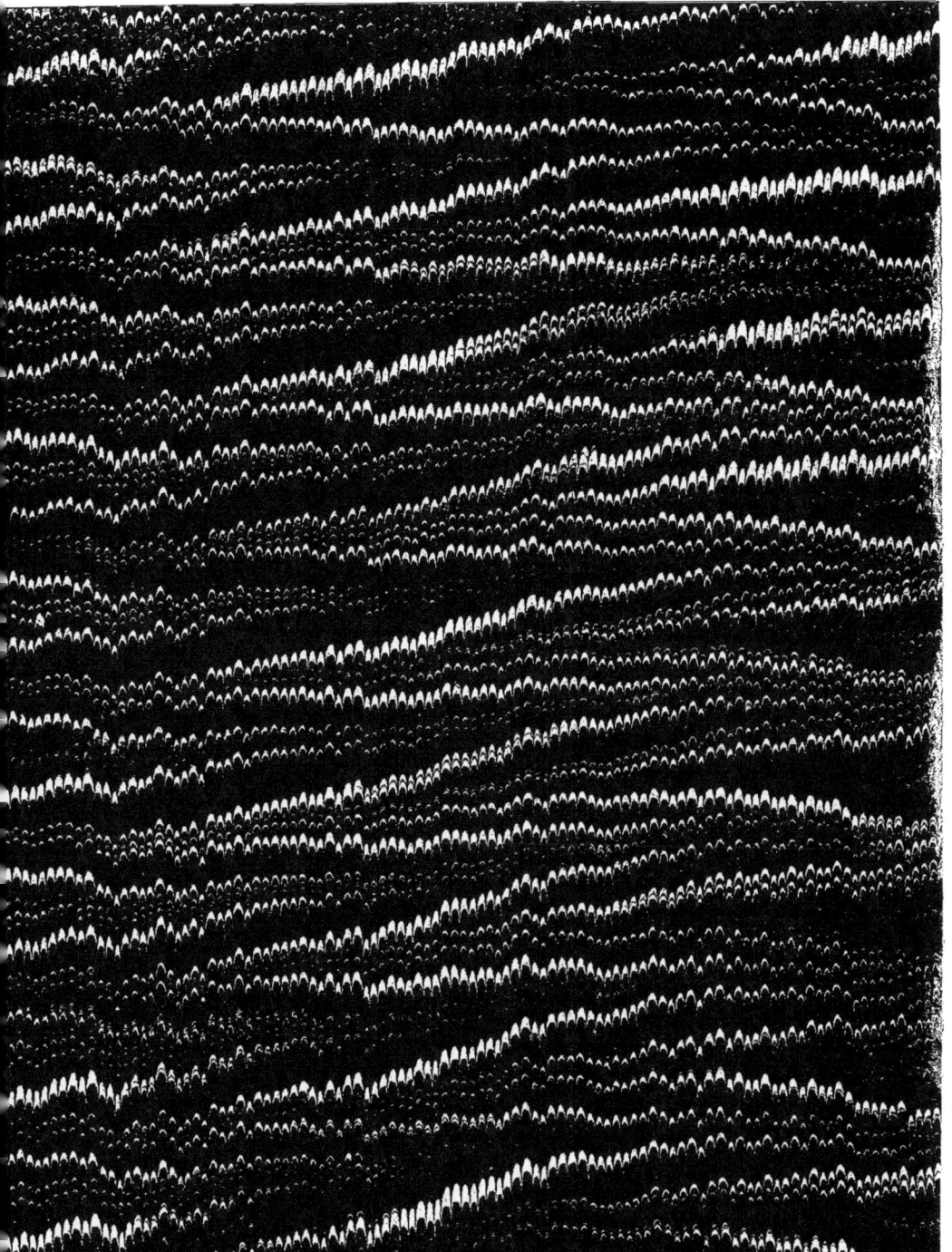

INSTITUT NATIONAL DE FRANCE.

ACADÉMIE DES SCIENCES.

ÉLOGE HISTORIQUE

D'ÉTIENNE

GEOFFROY SAINT-HILAIRE,

Par M. FLOURENS,

SECRÉTAIRE PERPÉTUEL.

Lu dans la séance publique annuelle du 22 mars 1852.

PARIS,
TYPOGRAPHIE DE FIRMIN DIDOT FRÈRES,
IMPRIMEURS DE L'INSTITUT, RUE JACOB, 56.

1852.

INSTITUT NATIONAL DE FRANCE.

ÉLOGE HISTORIQUE

D'ÉTIENNE

GEOFFROY SAINT-HILAIRE,

Par M. FLOURENS,

SECRÉTAIRE PERPÉTUEL.

Lu dans la séance publique annuelle du 22 mars 1852.

Cette Académie a compté, dans le dernier siècle, parmi ses membres, deux frères, dont l'un a laissé quelques travaux utiles sur la botanique, et dont l'autre est demeuré célèbre pour avoir été le premier chimiste qui se soit fait une idée nette et pratique des *affinités*. C'est à propos de celui-ci que le plus spirituel des partisans de Descartes, Fontenelle, disait : « Il donna en 1718 un système singulier : une « table des affinités ou rapports des différentes substances en « chimie. » — « Ces affinités, ajoutait Fontenelle, firent de la « peine à quelques-uns, qui craignirent que ce ne fussent des

« attractions déguisées, d'autant plus dangereuses que d'ha-
« biles gens savent déjà leur donner des formes séduisantes. »

L'illustration de ces deux hommes devint un juste sujet d'orgueil pour leur famille, dont une des branches habitait la petite ville d'Étampes. Là, dans un intérieur où régnaient des mœurs patriarcales, une bonne grand'mère se plaisait, lorsque, pendant les longues veillées, ses nombreux petits-enfants étaient groupés autour d'elle, à les charmer par des histoires de son temps, histoires parmi lesquelles revenait toujours celle de nos deux savants.

Sa qualité de grand'mère et son amour naïf pour la gloire donnèrent à ses récits une véritable puissance. Un tout petit garçon, bien délicat et fort étourdi, se prit un jour à lui dire : « Mais, moi aussi, je veux devenir célèbre : comment « faire ? — Eh! mon Dieu, dit la grand'mère, il faut le vou- « loir fortement. Je les ai bien connus, car ils étaient de notre « famille. Tu portes le même nom qu'eux : fais ce qu'ils ont « fait. » Cette révélation enflamma le petit enthousiaste. — « Aidez-moi, ma grand'mère, je vous en prie. » L'excellente femme, enchantée, remit à son petit-fils un exemplaire de la *Vie des hommes illustres* de Plutarque.

C'est ainsi qu'Étienne Geoffroy Saint-Hilaire, né le 15 avril 1772, rêvait à sa future illustration, lorsque son père lui déclara que, ayant obtenu pour lui une bourse au collége de Navarre, il allait l'y placer. Le pauvre enfant trouva alors que le chemin de la gloire était encombré de thèmes et de versions qui l'ennuyaient très-fort. Il fut un écolier assez peu appliqué, et ne montra de goût que pour la physique.

A sa sortie du collége, pour le décider à entrer dans la carrière ecclésiastique, on lui offrit de grands avantages. Il refusa très-résolûment. Son père, qui était avocat, lui demanda de prendre la jurisprudence. Il tenta, mais le dégoût vint bientôt. Du droit il passa à la médecine. L'essai ne fut pas plus heureux. Il fallait à ce jeune homme ardent une carrière plus libre, plus éloignée des sentiers battus, où l'esprit aventureux, qui le dominait déjà, pût trouver à se satisfaire.

Poussé vers les sciences par une impulsion secrète, Geoffroy voulut suivre les cours de haut enseignement, et vint prendre place parmi les pensionnaires libres du collége du cardinal Lemoine. Les professeurs de cet établissement appartenaient à l'Église.

C'est là que le bon et judicieux Lhomond avait consacré sa vie à l'enseignement de l'enfance; c'est là qu'il écrivait ces ouvrages, si supérieurs par leur simplicité même, et qui sont restés des modèles. Après l'enfance, Lhomond n'aimait rien tant que les plantes. Haüy, régent de seconde dans le même collége, avait pour cet homme rare une vénération filiale. Il avait appris la botanique pour lui plaire. De la botanique il avait été entraîné à la minéralogie. Il venait de faire, dans cette science, une découverte qui en changeait la face. Déjà la renommée inscrivait son nom parmi ceux des plus beaux génies. A tout cet éclat, Haüy préférait sa modeste cellule et la douceur de ses conversations avec Lhomond.

Un jeune élève suivait de loin leurs paisibles promenades. La pensée de se rapprocher de deux hommes célèbres le ravissait. Le hasard lui en offre enfin l'occasion; il les aborde, et laisse s'épancher une admiration si naïve, qu'Haüy et Lhomond, touchés de ce candide hommage, l'admettent désormais à leurs entretiens.

Sous l'inspiration d'Haüy, Geoffroy ne tarda pas à se passionner pour la minéralogie.

Daubenton faisait alors, au Collége de France, un cours sur cette science. Il avait l'habitude, après chaque leçon, d'interroger ses élèves. Un jour il questionne Geoffroy sur la cristallographie. Étonné de sa réponse, il lui dit avec bonhomie : « Jeune homme, vous en savez plus que moi. » — « Je ne suis que l'écho de M. Haüy, » répondit Geoffroy.

Ce mot si simple, mais où se peignait si bien la reconnaissance, valut à notre jeune élève l'intérêt de Daubenton. Une circonstance nouvelle fit bientôt succéder à cet intérêt une vive affection.

On était en 1792; Geoffroy avait vingt ans; il commençait sa vie sérieuse au milieu des tristes déchirements de notre patrie. Il devait tout ce qu'il avait acquis d'instruction à l'enseignement des prêtres. A cette époque déplorable, il suffisait de porter ce titre pour être désigné aux persécutions.

Ses anciens maîtres du collége de Navarre sont arrêtés et enfermés dans l'église de Saint-Firmin, transformée en prison. Geoffroy parvient à s'introduire auprès d'eux. Il les supplie d'accepter un moyen d'évasion qu'il leur a préparé. Ceux-ci, par un sentiment généreux de solidarité envers leurs compagnons d'infortune, refusent. Il réussit pourtant à sauver plus tard quelques-uns de ces malheureux. Mais ce qui, dans ces jours funestes, le frappa le plus douloureusement, ce fut l'incarcération d'Haüy. A cette nouvelle, il court chez Daubenton. Tandis que Daubenton s'empresse, il vole chez tous les autres membres de l'Académie des sciences. Haüy est réclamé au nom de ce Corps, dont il faisait déjà partie.

Un ordre d'élargissement est signé à dix heures du soir. Geoffroy se fait ouvrir les portes de la prison. Il veut entraîner Haüy. Cet homme d'une pénétration d'esprit étonnante avait le cœur le plus simple. « Ces grands hommes, di« sait celui qui les a le mieux connus, Fontenelle, ces grands « hommes sont des enfants. » Au milieu de tant de périls qui le menaçaient, Haüy était surtout préoccupé du désordre jeté dans ses collections par la visite domiciliaire qui avait précédé son arrestation : il était parvenu à se faire apporter ses chers minéraux; il les remettait en ordre, dans cet ordre savant qui fut longtemps de lui seul connu, et déclara qu'il ne consentirait, à aucun prix, à ce qu'ils fussent transportés à cette heure. Il annonça, d'ailleurs, l'intention d'entendre, le lendemain, la messe avant son départ.

Le lendemain, la messe ayant été entendue, Haüy alla tranquillement retrouver sa petite cellule et le bon Lhomond qui, lui aussi, avait été délivré par un ancien élève. Mais les cellules voisines ne devaient plus revoir leurs habitants : on était à la veille des horribles journées de septembre.

Épuisé par des secousses si violentes, Geoffroy se retira dans sa famille. Il y tomba malade. Pendant son absence, les amis qu'il avait laissés à Paris, quoique tout meurtris encore de la tempête, se consolaient en s'occupant de lui. Haüy lui écrivait : « Dès votre lettre reçue, j'en ai fait part à « M. Lhomond. Nous n'avions jamais été si gais depuis que « vous n'êtes plus avec nous. » Ce même Haüy disait à Daubenton : « Aimez, adoptez mon jeune libérateur. » Et Daubenton se le tenait pour bien dit.

En effet, à son retour, en 93, Geoffroy fut accueilli par le bon vieillard avec l'empressement le plus tendre. A cet âge, où les espérances personnelles s'éteignent, dans l'amitié vouée à la jeunesse il entre un peu du besoin de croire que, par la reconnaissance qu'on lui inspire, on pourra se survivre.

M. de Lacépède ayant laissé vacante, au *Jardin des plantes*, une place de garde du cabinet de zoologie, Daubenton la demanda et l'obtint pour son jeune ami.

Fondé par Louis XIII, accru par Louis XIV, illustré par les travaux de Buffon, le Jardin des plantes était devenu, par ces travaux mêmes, le centre de l'histoire naturelle moderne. Il ne devait plus cesser de l'être. Dès 1790, Daubenton avait présenté à l'Assemblée constituante le plan d'une institution vaste, complète, digne des pensées qui lui avaient été confiées par le grand naturaliste lui-même.

Deux ans plus tard, Bernardin de Saint-Pierre, un moment intendant du Jardin des plantes, demandait la création d'une ménagerie. Il rappelait que Buffon avait longtemps désiré celle de Versailles. Il ajoutait, avec un tact aussi fin que juste, en parlant de l'éloquent écrivain : « Ses remarques les plus
« utiles lui ont été inspirées par les animaux qu'il avait lui-
« même étudiés, et ses tableaux les mieux coloriés sont ceux
« qui les ont eus pour modèles : car les pensées de la nature
« portent avec elles leur expression. »

Au mois de juin 1793, par un décret de la Convention, le Jardin des plantes prit le titre de Muséum; l'enseignement y fut étendu à toutes les branches de l'histoire naturelle, et le nombre des chaires porté de trois à douze.

Parmi les chaires nouvelles, il y en avait deux pour la zoologie. On donna l'une à M. de Lamarck. Quelques-uns proposèrent, pour l'autre, Pallas, le célèbre naturaliste du Nord. Daubenton proposa Geoffroy. Il était jeune sans doute, bien jeune; mais il avait la passion du travail. Ce qui, d'ailleurs, importait à Daubenton, c'était de s'assurer que Buffon serait continué, suivi; que l'impulsion, donnée par ce grand esprit, serait maintenue. Geoffroy hésitait. « Je prends « sur moi la responsabilité de votre inexpérience, lui dit « Daubenton; j'ai sur vous l'autorité d'un père : osez en- « treprendre d'enseigner la zoologie, et qu'un jour on puisse « dire que vous en avez fait une science française! »

Voilà donc Geoffroy à peine âgé de vingt et un ans, et déjà professeur. Il nous peint très-naïvement lui-même l'embarras où il se trouva d'abord. « Tenu de tout créer, j'ai « acquis, dit-il, les éléments de l'histoire naturelle, en ran- « geant et en classant les collections qui étaient confiées à « mes soins. »

Il ouvrit, le 6 mai 1794, le premier cours de zoologie qui ait été fait en France. Il accrut rapidement nos collections. Sa bouillante activité doublait ses succès. La ménagerie, demandée par Bernardin de Saint-Pierre, n'arrivait pas assez vite, au gré de son impatience. Il en improvisa une.

Un matin on vient lui annoncer qu'il a, à sa porte, un léopard, un ours blanc, plusieurs mandrills, une panthère, etc. L'exhibition publique de ces animaux venait d'être défendue par la police.

Le Muséum n'avait encore, pour une ménagerie, ni fonds; ni local. Qu'importe? Geoffroy accepte tout; place, tant bien que mal, sous ses fenêtres, ses chers et terribles hôtes, et court faire part de sa bonne fortune à ses confrères, qui, un peu surpris, et presque alarmés, consentent bien vite à pourvoir aux moyens d'enfermer solidement ces formidables richesses.

Vers le temps dont je parle, le vénérable M. Tessier, que les mauvais jours de la Terreur avaient contraint à se réfugier au fond de la Normandie, annonçait, de là, à ses amis, qu'il venait de faire *la meilleure de ses découvertes*, et leur demandait d'ouvrir la carrière des sciences à *un autre Delambre*.

M. Tessier accompagnait sa lettre de quelques mémoires de son protégé. Ils furent remis à Geoffroy, qui, saisi d'enthousiasme à cette lecture, et cédant aussitôt à une inspiration généreuse, écrivit à l'auteur :

« Venez jouer, parmi nous, le rôle d'un Linné, d'un autre « législateur de l'histoire naturelle. »

On ne pouvait caractériser Cuvier plus heureusement.

Le *nouveau Linné* à peine arrivé, Geoffroy s'oublie pour le faire valoir. Admirer, louer sans restriction, jouir des succès des autres, fut un des bonheurs de sa vie.

Il avait, au Muséum, un logement, il le partage avec Cuvier ; des collections, il les lui ouvre. Il semblait se dire avec le poëte :

Le tout ne vaut pas la moitié.

Ces deux jeunes gens, voués à l'étude, unirent leurs travaux.

Parmi ces premiers essais, j'en remarque deux.

L'un avait pour objet la *classification des mammifères*.

L'idée, savamment calculée, de la *subordination des caractères*, qui fut le grand ressort zoologique de M. Cuvier, domine dans celui-ci.

L'autre était l'histoire des *Makis,* ou singes de Madagascar. On y trouve déjà l'idée inspirée de l'*unité de composition*, à laquelle M. Geoffroy a soumis toute l'anatomie comparée. Il était facile de prévoir que deux esprits, dont le procédé philosophique était si différent, ne tarderaient pas à se diviser.

Cependant leur confiante amitié les rendait parfaitement heureux. Dans une science encore si peu cultivée, chaque résultat obtenu par eux était nouveau pour tous. Combien de fois ne les a-t-on pas entendus, l'un et l'autre, après de longues années, rappeler, avec complaisance, ces premiers temps, ces temps enchantés du jeune âge, où, selon un mot de l'un d'eux : « ils ne déjeunaient jamais sans avoir fait une dé-
« couverte ? »

Vainement les prévoyants amis de Geoffroy lui firent-ils remarquer qu'il se livrait trop, qu'il se préparait un rival persévérant, réfléchi, peut-être même un dominateur.

L'effet que ces avis produisirent sur Geoffroy a été consigné par M. Cuvier dans un écrit intime, qui date des derniers temps de la vie de ce grand homme; et ces quelques mots seront à l'éternelle louange de M. Geoffroy : « On chercha à lui
« faire croire, dit M. Cuvier, qu'il ne devait point me favoriser,
« que bientôt j'aurais seul la gloire de nos travaux; mais cet
« excellent jeune homme m'avoua, avec abandon, que ce
« conseil le rendait malheureux, et que jamais rien n'aurait
« la force de le faire changer de conduite avec moi. »

Les travaux de M. Geoffroy le faisaient marcher d'un pas

rapide vers l'Institut, lorsque, au commencement de 1798, Berthollet vint lui dire : « Venez avec Monge et moi ; nous « serons vos compagnons; Bonaparte sera notre général. » Où allait-on? Il n'en savait rien. Dans ce mystère même était, pour lui, une séduction de plus.

Il se laisse embarquer : sa bonne étoile le conduit en Égypte.

Dès qu'il touche cette terre fameuse, Geoffroy veut tout explorer, tout voir. Il fouille tout : le sol, les tombeaux, les ruines. Il visite les catacombes, ces sombres et antiques musées où les Égyptiens des temps passés avaient rassemblé, et comme mis en dépôt pour l'étude des temps présents, les dépouilles des êtres qui étaient leurs contemporains.

M. Geoffroy nous a rapporté d'Égypte des *crocodiles*, des *ibis*, entiers et parfaitement conservés, des squelettes d'*ichneumons*, de *bœufs*, etc. Ces animaux, qui vivaient il y a deux ou trois mille ans, comparés à ceux d'aujourd'hui, n'en diffèrent sous aucun rapport. On lui doit la plus forte preuve qui ait jamais été donnée de la fixité des espèces, grand fait qu'il devait plus tard combattre.

Un intérêt particulier s'attache aux momies humaines rapportées par M. Geoffroy.

Volney venait de renouveler l'idée que le peuple de l'ancienne Égypte avait appartenu à la race nègre. Volney croit la question résolue par une ou deux phrases de quelques historiens qui ont dit, en effet, que les Égyptiens avaient la *peau noire*. Volney se trompe. *La couleur de la peau* n'est pas ici le trait qui décide; c'est la *forme du crâne*, et le crâne des momies ne laisse aucun doute. Quel qu'ait pu être son teint, le peuple célèbre, chez qui toutes les traditions placent le premier berceau des sciences, appartenait à la même race d'hommes que nous.

On connaît le mot de Voltaire sur Hérodote : « Ce père « de l'histoire qui nous a fait tant de contes. »

M. Geoffroy semble avoir pris à tâche de justifier, en tant que naturaliste, ce qu'ont de plus merveilleux les récits naïfs du premier des observateurs.

Hérodote nous dit, par exemple, que le crocodile est, de tous les animaux, celui qui, proportionnellement, naît le plus petit et devient le plus grand; le seul dont la mâchoire supérieure soit mobile sur l'inférieure; le seul qui n'ait point de langue, etc. Et tout cela est vrai, de cette vérité du moins que comporte le langage d'un écrivain qui n'est pas homme de science, et qui n'y prétend pas.

Le crocodile, qui atteint jusqu'à dix-sept coudées de longueur, sort d'un œuf qui n'a guère plus de dix-sept lignes de long. Sa mâchoire supérieure ne se meut pas sur le crâne; mais cette mâchoire et le crâne, réunis ensemble, se meuvent sur l'inférieure. Il a une langue, mais si courte qu'il n'en peut faire aucun usage.

Hérodote nous dit encore que, lorsque le crocodile repose sa tête sur le bord du Nil, pour humer l'air, un petit oiseau pénètre avec confiance dans sa gueule si redoutable, et s'y abrite, s'y joue en sûreté, sans que le crocodile lui fasse aucun mal, sans qu'il fasse même un seul mouvement, de peur d'effrayer son hôte.

M. Geoffroy a vu toutes ces choses. Un petit oiseau (le *petit pluvier* de Buffon) entre, en effet, dans la gueule du crocodile, et le crocodile reste inoffensif, immobile, car ce petit oiseau le débarrasse des insectes qui s'attachent à son palais; et dont la brièveté de sa langue l'empêche de se délivrer lui-même.

Dès son arrivée en Égypte, M. Geoffroy s'était fait une étude particulière de la recherche attentive des poissons du Nil.

Parmi ces poissons, celui qu'il désirait le plus observer était le *Silure électrique* (1). Les Arabes, par un rapprochement ingénieux, nomment le *Silure : tonnerre*. M. Geoffroy avait souvent demandé ce poisson. On ne put le lui apporter que quelques jours avant la capitulation d'Alexandrie; et ce fut au milieu de tous les périls d'un siége, tandis que les boulets sifflaient à ses oreilles, qu'on le vit, comme un autre Archimède, se plonger dans la méditation de problèmes, sans doute non moins hardis. Il cherchait le lien secret qui unit l'électricité au principe de la vie. Mais, quelle que fût la passion de savoir qui le dévorait, il ne put pénétrer cet *impénétrable* mystère de la vie, qui, comme l'*Isis* d'Égypte, est aussi recouvert d'un voile, *qu'aucun mortel ne peut soulever*.

Il était dans toute l'ardeur de ce travail, quand il apprend qu'un article de la funeste capitulation dépouille les savants français du fruit de leurs recherches, de ces recherches qui leur promettaient tant de gloire. M. Geoffroy, indigné, propose à ses collègues d'employer le temps qui leur reste, avant l'exécution du traité, à brûler leurs collections.

Tous se rangent à ce parti extrême : devant une résolution aussi énergique, l'agent anglais s'arrête, frappé de respect. L'article fut rayé.

Après quatre années d'absence, M. Geoffroy revint d'É-

---

(1) Ou *Malaptérure*.

gypte, comme autrefois Tournefort de son voyage en Grèce, *chargé des dépouilles de l'Orient* (1), et plein d'un feu nouveau pour l'étude.

On le voit, à peine rentré dans le Muséum, multiplier ses travaux sur les deux sciences qui ont occupé sa vie : la zoologie et l'anatomie comparée.

Ce qui distingue M. Geoffroy comme zoologiste, c'est la perception aussi juste que prompte des analogies des êtres ; c'est ce que lui-même appelait si bien le *sentiment des rapports*.

Ce *sentiment* si vif lui découvre une loi supérieure de la méthode.

A côté du principe de la *subordination des organes*, il pose le principe des *subordinations mobiles* : le même caractère, qui *domine* dans un groupe, peut n'être qu'un *caractère subordonné* dans un autre.

Il voit la méthode sous un nouvel aspect.

La classification générale n'a d'autre mérite, à ses yeux, que le mérite négatif de ne pas rompre le rapprochement naturel, le rapprochement direct des espèces.

Et ceci posé, tout change.

La méthode n'est plus une suite de *divisions*, de *coupes*, de *ruptures*. C'est un enchaînement de rapports qui s'appellent, qui s'adaptent, qui s'identifient.

Au temps de Linné, les naturalistes cherchaient les différences tranchées, les grands intervalles. C'est qu'on ne connaissait encore qu'un petit nombre d'espèces.

A mesure, en effet, que le nombre des espèces connues

---

(1) Fontenelle, *Éloge de Tournefort*.

s'accroît (et il s'accroît sans cesse), les différences tranchées s'effacent, se fondent les unes dans les autres par des nuances intermédiaires, les grands intervalles se comblent. L'unité du règne se montre. On comprend le mot profond de Buffon, que « les nuances sont le grand œuvre de la nature. »

En zoologie, la vue dominante de M. Geoffroy est l'*unité du règne*. En anatomie comparée, son objet constant est de prouver l'*unité du règne* par l'*unité de composition*.

Toutes ses recherches d'*anatomie* sont des recherches d'*analogie*.

Il les avait commencées par l'étude comparée des membres. Des membres il passe au crâne. Le crâne du crocodile, celui du poisson, se composent de vingt-cinq ou vingt-six os, et celui de l'oiseau, celui du quadrupède adulte n'en ont que huit ou dix. Comment ramener à l'unité une composition en apparence si différente? L'inspiration soudaine d'un pénétrant génie le porte à examiner le crâne des fœtus d'oiseau et de quadrupède. Là, tous les os primitifs, qui se réuniront plus tard en quelques os complexes, sont encore séparés, et le problème est résolu : le nombre des os est partout retrouvé le même.

Ce beau travail, premier germe, et germe le plus heureux, de toute une science nouvelle, est de 1807.

Cette même année, une place étant devenue vacante à l'Académie, M. Geoffroy se présenta comme candidat. Il alla, en cette qualité, déposer quelques-uns de ses mémoires chez le célèbre géomètre M. Lagrange. Comme il se retirait : « Approchez, jeune homme, lui dit celui-ci; que pensez-

« vous de votre concurrent? — Mais, ... dit M. Geoffroy
« avec embarras, je ne puis répondre. — Ce que je demande
« peut être dit même par vous. Je sais que c'est un très-ha-
« bile entomologiste. Mais est-ce un Réaumur ou un Fabri-
« cius? — C'est un Fabricius. — Sachez, jeune homme, que
« j'estime plus quelques pages comme celles que vous avez
« lues dernièrement à l'Académie que beaucoup de volumes
« à la manière de Fabricius. »

Il fut nommé.

En le félicitant, Cuvier lui dit : « Je suis d'autant plus
« heureux que je me reprochais d'occuper une place qui
« vous était due. » M. Geoffroy se plaisait à rappeler ces
paroles de M. Cuvier, et il ajoutait avec simplicité : « Il
« m'étonna beaucoup, car je n'avais jamais pensé que je pusse
« arriver avant lui. »

En 1810, M. Geoffroy fit un voyage en Portugal. L'em-
pereur Napoléon, voulant réunir dans nos musées ce que
les musées étrangers avaient de plus remarquable, chargea
M. Geoffroy de visiter celui de Lisbonne, riche d'une foule
d'objets précieux, dus au Brésil.

Avant son départ, M. Geoffroy se pourvut de tout ce
dont nos galeries pouvaient disposer : commissaire, revêtu
d'un plein pouvoir dans un pays occupé par nos troupes, il
ne demanda rien qu'à titre d'échange. Ce procédé généreux
rendit tout facile. Il nous rapporta de très-belles collections;
et, ce qui valait encore mieux, beaucoup mieux, il fit hono-
rer le nom français.

M. Geoffroy, par sa vie scientifique tout entière, par cette vie tout à la fois si laborieuse et si passionnée, semble avoir réalisé le mot d'un grand écrivain, « que, qui voit bien « une vérité, en voit toujours une infinité d'autres, et que, « qui les verrait toutes n'en verrait qu'une. »

A compter du mémoire qui vient de lui ouvrir les portes de l'Académie, ses pensées, ses méditations, ses recherches, n'ont plus qu'un objet : l'étude de l'*Unité de composition* dans les animaux.

Il se définissait lui-même : *L'homme d'un seul livre* (1).

En 1818, il ose, enfin, poser l'*Unité de composition* comme loi première et suprême du règne animal entier, et publie l'ouvrage devenu depuis si fameux, sous le titre de *Théorie des analogues* ou de *Philosophie anatomique*.

Buffon avait dit, avec une rare éloquence, qu'il existe une *conformité constante*, un *dessein suivi*, une *ressemblance cachée* plus merveilleuse que les *différences apparentes* : « Il « semble, disait-il dans son beau langage, il semble que « l'Être suprême n'a voulu employer qu'une idée, et la va- « rier en même temps de toutes les manières possibles, afin « que l'homme pût admirer également et la magnificence de « l'exécution et la simplicité du dessein. »

L'unité de dessein, de plan, d'*idée*, avait donc été vue par Buffon; elle le fut, après Buffon, par Vicq-d'Azyr, par Camper. M. Geoffroy la vit à son tour, mais d'une vue originale, neuve, profonde; et c'est parce qu'il la vit ainsi, qu'il en fit sortir une science inconnue de tous avant lui, l'*anatomie philosophique*.

---

(1) *Homo unius libri.* (Saint Augustin.)

Le mérite singulier, le mérite propre de M. Geoffroy, c'est d'avoir porté la comparaison, l'étude, sur les éléments primitifs et constitutifs des organes.

Avant lui, on étudiait l'*état adulte*, qui ne donne que le *fait composé*, l'*organe multiple*; il a étudié l'*état fœtal*, qui donne le *noyau primitif*, le *fait simple*.

Ces *éléments*, ces *faits simples*, ont leurs lois, déterminées et fixes, de *développement*, de *complication*, de *position relative*.

Ces lois sont partout les mêmes.

L'unité des *lois* est la preuve la plus élevée, et la dernière, de l'unité de *plan*, de *dessein*, d'*idée*.

Ici la science profonde devient naturellement la plus haute philosophie. Lorsque Newton, parvenu à la dernière page de son livre immortel, eut reconnu que chaque globe, que chaque monde, n'a pas sa loi propre et distincte, qu'ils sont tous soumis, au contraire, à la même loi, à une loi unique, il écrivit cette phrase, si digne de l'admiration recueillie de tous ceux qui pensent : « Il est certain que, tout portant « l'empreinte d'un même dessein, tout doit être soumis à un « seul et même Être. »

M. Geoffroy ne pouvait méditer, et, si je puis ainsi dire, creuser à ce point l'idée générale de l'unité de *composition* dans les animaux, sans que son attention se portât sur ces cas particuliers d'un *développement* anomal ou incomplet, que, à des époques d'ignorance, et de la plus grossière ignorance, on a désignés sous le nom de *monstruosités*.

La question des *monstres* avait été, dans le dernier siècle, le sujet d'un long débat entre deux membres de cette Académie : Winslow et Lémery.

Winslow est le grand anatomiste qui finit, au XVIIIe siècle, l'anatomie humaine, commencée au XVIe par Vésale.

Lémery était fils de ce Nicolas Lémery que Mairan appelle le *Descartes de la chimie*.

Lui-même était tout à fait *cartésien*. Winslow était tout à fait *leibnizien*.

Selon Lémery, il n'y a de *monstres* que par des *causes accidentelles* et *mécaniques*.

Winslow suppose tout simplement la préexistence des *monstres*, comme Leibniz avait supposé la préexistence des êtres.

Lémery mourut en 1743. La dispute durait depuis dix ans. « Et, dit Fontenelle, à la manière dont se passaient les « choses, il ne se pouvait guère qu'elle finît autrement que « par la mort d'un des combattants ; car à chaque nouvelle « explication que présentait M. Lémery, M. Winslow lui lâ-« chait un nouveau monstre. »

M. Geoffroy a relevé le système des *causes accidentelles*, et l'a porté à un tel degré d'évidence, qu'il n'est plus possible aujourd'hui d'en chercher un autre. Deux grands principes, nés presque simultanément, et de ses propres idées, et des travaux que faisait, à côté de lui, sur le même objet, l'anatomiste illustre qui fut l'ami de toute sa vie, M. Serres, deux grands principes lui suffisent pour tout expliquer : le principe de l'*arrêt de développement*, et le principe de l'*attraction des parties similaires*.

Au fond, et ceci est le dernier mot des longues et laborieuses études de M. Geoffroy : au fond, il n'y a point de *monstres ;* il n'y a que des anomalies accidentelles et secondaires.

Dans son ouvrage fondamental, dans le premier volume de sa *Philosophie anatomique*, M. Geoffroy n'appliquait encore, du moins d'une manière directe, le principe de l'*unité de composition* qu'aux seuls animaux vertébrés; et, renfermé dans ces limites, ce grand principe ne pouvait être contesté.

En 1820, il voulut faire rentrer dans la même *unité* les Animaux articulés. Et l'opposition parut. M. Cuvier laissa échapper quelques paroles d'impatience et d'improbation.

En 1830, il voulut y faire rentrer les Mollusques; et le voile, qui ne couvrait qu'à demi l'impatience de M. Cuvier, se déchira.

La première gloire de M. Cuvier avait été de réformer la classification entière du règne animal.

Il excellait à démêler, à distinguer, à caractériser nettement les choses et les idées. Presque tous les *animaux sans vertèbres* étaient confondus ensemble. Il sépara les *zoophytes* des *mollusques*, les *mollusques* des *articulés*; ces trois groupes établis, il fit un quatrième groupe de tous les animaux *vertébrés*, réunis en un seul faisceau. Il eut ainsi quatre *plans*, quatre *types* essentiellement distincts; et la classification du règne animal, considéré dans ses grandes masses, se trouva fixée.

Ce bel ordre, fruit exquis de l'application la plus parfaite de la méthode, semblait chaque jour plus menacé par le progrès, chaque jour croissant, des idées de M. Geoffroy, qui ne voulait qu'un seul *plan*, qu'un seul *type*.

Le débat fut porté devant cette Académie. Jamais controverse plus vive ne divisa deux adversaires plus résolus, plus fermes, munis de plus de ressources pour un combat depuis longtemps prévu, et, si je puis ainsi dire, plus savamment préparés à ne pas s'entendre.

Entre ces deux hommes, tout, d'ailleurs, était opposé : dans l'un, la capacité la plus vaste, guidée par une raison lumineuse et froide; dans l'autre, l'enthousiasme le plus bouillant, avec des éclairs de génie.

De l'Académie, de la France, l'émotion s'étendit dans tous les pays où l'on pense sur de tels sujets. Nous eussions pu nous croire revenus à ces temps antiques où les sectes philosophiques, en s'agitant, remuaient le monde. Le monde se partagea. Les penseurs austères et réguliers, ceux qui sont plus touchés de la marche sévère et précise des sciences que de leurs élans rapides, prirent parti pour M. Cuvier. Les esprits hardis se rangèrent du côté de M. Geoffroy. Du fond de l'Allemagne, le vieux Gœthe applaudissait à ses arguments.

Gœthe en vint à se passionner si fortement sur ces questions-là, que, au mois de juillet 1830, abordant un ami, il s'écrie : « Vous connaissez les dernières nouvelles de France: « que pensez-vous de ce grand événement? Le volcan a fait « éruption ; il est tout en flammes. — C'est une terrible his- « toire, lui répond celui-ci ; et, au point où en sont les cho- « ses, on doit s'attendre à l'expulsion de la famille royale. « — Il s'agit bien de trône et de dynastie, il s'agit bien de « révolution politique! reprend Gœthe; je vous parle de la « séance de l'Académie des sciences de Paris : c'est là qu'est « le fait important, et la véritable révolution, celle de l'es- « prit humain. »

Dans ce débat, en effet, où la discussion directe semblait ne porter que sur le nombre ou la position relative de quelques organes, la discussion réelle était celle des deux philosophies qui se disputeront éternellement l'empire, la philosophie des faits particuliers et la philosophie des idées générales.

Ce qui fait l'attrait singulier de ces grands problèmes, c'est que l'esprit humain s'y croit toujours au moment de toucher à un terme, qui toujours recule. La lutte des deux philosophies n'avait pas commencé avec Aristote et Platon, et elle n'a pas fini avec M. Cuvier et M. Geoffroy.

Réduite même à elle seule, la question de la ressemblance ou de la différence des êtres est une question sans limites. Plus on étudie les animaux, plus on leur trouve de différences, mais plus aussi on leur trouve de ressemblances. « Les « animaux, disait Aristote avec une profonde justesse, les « animaux sont analogues, c'est-à-dire semblables avec des « diversités. »

Quant aux deux adversaires, la discussion eut sur eux l'effet ordinaire de toutes les discussions. Chacun d'eux en sortit un peu plus arrêté dans ses convictions.

M. Geoffroy publia le résumé de ses opinions sous le titre de: *Principes philosophiques de l'unité de composition;* et M. Cuvier annonça qu'il allait publier le résumé des siennes sous le titre : *De la Variété de composition dans les animaux.*

Ces deux hommes, par l'éclat, par la force de leurs idées, par l'opposition même de leurs doctrines, marquent, dans la science, une date illustre.

Lorsque, dans la dernière année du dernier siècle, M. Cuvier publia ses *Leçons d'anatomie comparée*, l'admiration fut universelle. De grands résultats, de grandes lois, aussi certaines qu'inattendues, étonnèrent tous les esprits. La même main qui fondait l'*anatomie comparée*, en faisait sortir une science plus neuve encore, la science des êtres perdus. A la voix du génie, la terre se recouvrait de ses populations antiques.

Cependant, après les vues générales et supérieures, était venue l'étude des détails. Les faits n'étaient plus que des faits. La moisson des grandes idées semblait épuisée.

Alors un génie nouveau s'élève : original, hardi, d'une pénétration infinie. Il remue toute la science et la ranime. Il rajeunit le fait par l'idée. A l'observation exacte il mêle la conjecture. Il ose. Il franchit les bornes connues ; et, par delà ces bornes, il pose une science nouvelle, à laquelle il donne quelque chose de ce qu'il avait en lui-même de plus essentiellement propre et de plus marqué : de son audace, de son goût pour les combinaisons abstraites et hasardées, de ses lumières vives et imprévues.

La gloire de M. Geoffroy sera d'avoir fondé la science profonde de la nature intime des êtres : l'*anatomie philosophique*.

A ses idées principales sur les lois de l'organisation animale, M. Geoffroy en joignit, vers les dernières années de sa vie, quelques autres qui, par rapport à celles-là, ne sont qu'accessoires. Je veux parler de ses vues sur la *mutabilité* des espèces, sur la *filiation* des espèces actuelles avec les espèces perdues, sur cette autre *filiation* des âges et des espèces qui ne ferait de tous les êtres que des *arrêts* successifs d'un seul et même être. Ces vues, où le réel ne se dégage pas assez de l'idéal, ne sont point particulières à M. Geoffroy. Elles sont étrangères à ce grand et bel ensemble de lois fondamentales et neuves qui constitue sa doctrine propre et auquel son nom restera toujours attaché.

Dès l'origine de la Faculté des sciences, M. Geoffroy avait été appelé à l'une de ses chaires d'anatomie et de zoologie générales. C'est là qu'il se plaisait à développer ses idées philosophiques. Dans sa chaire du Muséum, qu'il a occupée pendant près d'un demi-siècle, son objet principal était l'étude des *rapports des êtres,* étude qu'il avait portée si loin, et sur laquelle il est si fort à regretter qu'il n'ait point écrit.

Ce qui, dans son enseignement, donnait surtout de la puissance à la parole de M. Geoffroy, c'était son admiration ardente pour les sciences. Il n'admettait pas qu'elles pussent avoir des bornes. Il en attendait, il leur demandait sans cesse des émotions nouvelles.

Ces secousses continuelles de l'esprit ont agité et charmé sa vie.

L'inspiration était l'âme de ses entretiens intimes : une imagination, riche et mobile, s'y manifestait par des idées abondantes, vives, inattendues, par des bonds de pensée.

Il devait trop à cette imagination pour ne pas lui accorder beaucoup. Quelquefois il lui accordait trop. De là, dans le cours de ses amitiés, quelques moments d'orage. Mais, dans ces moments mêmes, il suffisait de s'adresser à son cœur pour retrouver le bon jeune homme qui n'avait pu douter de Cuvier.

Il fut, toute sa vie, ce bon jeune homme : toujours dominé par quelque mouvement généreux ; ayant, par excellence, le don d'obliger, de se multiplier, de se prodiguer pour rendre service, et, ce qui est encore plus rare, de s'effacer ; toujours confiant et ouvert avec ses amis, comme on l'est au premier âge.

M. Geoffroy ne se délassait de ses travaux que par les douces affections de la famille. Personne ne les goûtait mieux, et ne pouvait s'y livrer avec plus de bonheur. Dès les jeunes années d'un fils tendrement aimé, il avait reconnu, en lui, l'esprit élevé auquel il pourrait confier le soin de sa gloire et le dépôt de ses doctrines : « Jugez, disait-il un jour « à un ami, jugez si je suis heureux. Voici les plus chers trésors « de mon fils. » Disant cela, il ouvrait une armoire où le jeune enfant avait religieusement réuni tout ce qui avait été écrit sur les travaux de son père.

Voltaire avait osé dire de lui-même, dans un vers célèbre :
..... J'aime la gloire, et ne veux point m'en taire.

M. Geoffroy aimait la gloire, et ne s'en taisait point.

Nul homme, peut-être, n'aspira jamais à la renommée plus franchement, plus ouvertement ; et il a été donné à peu d'hommes, uniquement voués aux sciences, d'en obtenir une plus grande. Ses vues, ses principes, son langage même ont pénétré partout, et laissé partout l'empreinte de leur action. Toutes les Académies célèbres voulurent se l'associer. Des savants étrangers firent le pèlerinage de Paris, uniquement pour le voir. Nos provinces, et les nations voisines, surtout l'Allemagne, cette patrie des Oken, des Carus, des Spix, cette patrie de Gœthe, lui envoyaient, chaque année, de jeunes néophytes qui venaient entendre, qui voulaient connaître le chef d'une grande école.

Dans un coin retiré du Muséum est un petit ermitage où Daubenton, un demi-siècle auparavant, avait installé Geoffroy. C'est là, c'est dans cette habitation chère par tant de souvenirs, que, vieillard illustre, M. Geoffroy se vit environné de disciples, heureux de pénétrer jusqu'à lui, et qui, dans leur enthousiasme, lui accordaient, avec foi, cette infaillibilité que lui-même avait accordée aux sciences. Il avait assez cru pour former une école de croyants.

Sur la fin de sa vie, M. Geoffroy fut atteint d'une cécité complète, mais qui n'eut rien d'amer. Ses derniers jours furent embellis par les caresses de deux petits enfants, charmantes espérances, auxquels, aimait-il à penser, on ferait un jour la même histoire qui lui avait été faite. Il fut entouré des soins pieux d'une fille, dans laquelle il n'avait pu se reconnaître sans qu'elle devînt l'objet d'une vive prédilection. Toujours il trouva, pour presser ses mains défaillantes, la noble compagne de toute sa vie, la mère d'un fils qui était l'amour et la gloire de sa vieillesse.

Le 19 juin 1844, M. Geoffroy s'éteignit doucement; et cet esprit perçant qui avait porté sur la nature un regard si hardi, cet homme qui avait tout osé pour en sonder, pour en pénétrer les mystères, recevant l'adieu de son enfant chéri, lui dit avec calme :

« Sois-en sûre, ô ma fille, nous nous reverrons ! »

NOTES.

Page 1. *Cette Académie a compté, dans le dernier siècle, parmi ses membres, deux frères...*

L'instruction de ces deux frères avait été habilement dirigée. Leur père les avait entourés, dès leur jeunesse, d'hommes éminents. Vers la fin du XVIIe siècle, sa maison était pour les savants un lieu de rendez-vous et d'études. C'est donc avec un excellent fonds de savoir et de bonnes relations qu'ils entrèrent dans la carrière des sciences.

L'aîné, Étienne-François Geoffroy, devint professeur de chimie au *Jardin des Plantes*, et professeur de médecine au *Collége de France*. Parmi ses écrits, il faut surtout compter sa *Table des affinités chimiques* (*Mém. de l'Acad. des sc.*, an., 1718 et 1720). Il appartint à la Société royale de Londres; et, comme membre de l'Académie des sciences, il a eu l'honneur d'être loué par Fontenelle.

Le cadet, Claude-Joseph Geoffroy, fut, de bonne heure, membre de l'Académie des sciences. Ses nombreux mémoires eurent pour objet la chimie pharmaceutique et la botanique. Grand-Jean de Fouchy les énumère dans l'éloge qu'il lui a consacré; mais, dans cette énumération, Grand-Jean de Fouchy oublie un mémoire sur *la Structure et l'usage des principales parties des fleurs* (1), mémoire où les *organes sexuels* des plantes sont démontrés, et qui, antérieur de six ans au fameux *Discours* de Vaillant sur le même sujet, était le meilleur titre de l'académicien qu'il louait.

---

(1) *Mém. de l'Acad. des Sc.*, an. 1711.

Claude-Joseph Geoffroy eut trois fils. Un seul suivit les sciences : il s'y distingua, fut de l'Académie, et mourut jeune.

Étienne-François n'eut qu'un fils, Étienne-Louis Geoffroy, qui fut médecin et naturaliste. On a, de celui-ci, plusieurs écrits : une *Dissertation sur l'organe de l'ouïe de l'homme, des reptiles et des poissons* (1778); une *Histoire des insectes qui se trouvent aux environs de Paris* (1762), ouvrage fort estimé; un poëme latin sur l'*Hygiène*, etc., etc. Ayant quitté Paris, dans sa vieillesse, il devint correspondant de l'Académie.

Le fils d'Étienne-Louis se nomma Claude-René. Entraîné vers les sciences, par un goût héréditaire, il voyagea fort jeune, et séjourna au Sénégal sous le patronage du spirituel chevalier de Boufflers, alors gouverneur des possessions françaises sur les côtes d'Afrique. Il revint, ayant recueilli de nombreuses collections. La révolution de 89 avait changé la position de sa famille. Dès lors il se consacra à de sérieux devoirs, se fit médecin praticien, reconquit sa fortune, et, par l'élévation de son caractère, ajouta encore à la dignité du nom qu'il a laissé à son fils.

La branche de cette famille, de laquelle est issu M. Geoffroy Saint-Hilaire, avait d'abord habité la ville de Troyes. Lorsqu'un membre de la branche, qui habitait la province, venait à Paris, il ne manquait pas de visiter les deux illustres frères (1), dont les succès et la renommée eurent une si heureuse influence sur la jeune imagination de l'*Enfant d'Étampes*.

Page 2. *Il ne montra de goût que pour la physique...*

Qui lui fut enseignée par Brisson, célèbre physicien et membre de l'Académie des sciences.

---

(1) Voyez les *Études progressives d'un naturaliste*, de M. Geoffroy-Saint-Hilaire, p. 167.

Page 4. *Il réussit pourtant à sauver plus tard quelques-uns de ces malheureux.*

Il n'y réussit qu'au péril de sa propre vie.

« Élevé à Navarre (a écrit M. Geoffroy lui-même), j'ai aspiré à sauver
« mes honorés maîtres, le grand maître, le proviseur et les professeurs
« de mon collége, et, de plus, les professeurs du collége le Cardinal Le-
« moine, où je demeurais avec Haüy et Lhomond. Profitant du désarroi
« occasionné par le tocsin et d'intelligences acquises à prix d'argent, j'ai
« pénétré à deux heures, le 2 septembre, dans la prison de Saint-Firmin;
« je m'étais procuré la carte et les insignes d'un commissaire. Si le bon
« M. Keranran et mes autres maîtres n'ont point accepté de sortir, cela a
« tenu à un excès de délicatesse, à la crainte de compromettre le sort
« des autres ecclésiastiques.

« J'ai passé la nuit du 2 au 3 septembre sur une échelle en dehors de
« Saint-Firmin, et douze ecclésiastiques qui m'étaient inconnus échappè-
« rent le 3, à quatre heures du matin. L'un d'eux se blessa au pied ; je le
« portai dans un chantier voisin, où, pour courir à d'autres infortunés, je
« fus forcé de le laisser et d'où il réussit à s'évader. »

Voyez l'ouvrage de M. Isidore Geoffroy, intitulé : *Vie, travaux et doctrine scientifique d'Étienne Geoffroy Saint-Hilaire*, monument le plus honorable et le plus touchant qu'un fils, déjà illustre, pût élever à la mémoire d'un tel père.

Page 5... *Le bon Lhomond, qui, lui aussi, avait été délivré par un ancien élève...*

Cet ancien élève était Tallien.

Page 5. *Haüy lui écrivait...*

Voyez deux lettres d'Haüy dans l'ouvrage, qui vient d'être cité, de M. Isidore Geoffroy.

Page 6. *Dès 1790, Daubenton avait présenté à l'Assemblée Constituante le plan d'une institution vaste...*

Ce *Plan* fut imprimé sous le titre de : *Adresses et Projet de règlements présentés à l'Assemblée Nationale par les officiers du Jardin des plantes et du Cabinet d'histoire naturelle.* Paris, 1790.

Page 6. *Deux ans plus tard, Bernardin de Saint-Pierre... demandait...*

Voyez son mémoire *Sur la nécessité de joindre une ménagerie au Jardin des plantes de Paris.*

Page 7. *Tenu de tout créer...*

Je tire ces lignes de la page 82 d'un ouvrage de M. Geoffroy, dont je parlerai plus loin : *Principes de philosophie zoologique, discutés en mars 1830, au sein de l'Académie royale des sciences.* Paris, 1830.

Page 9. *On y trouve déjà l'idée inspirée de l'unité de composition...*

« ..... Il semble (y disait M. Geoffroy) que la nature se soit renfermée
« dans certaines limites, et n'ait formé tous les êtres vivants que sur un
« plan unique, essentiellement le même dans son principe, mais qu'elle
« a varié de mille manières dans toutes ses parties accessoires... Ainsi,
« dans chaque classe d'animaux, les formes, quelque variées qu'elles
« soient, résultent toutes au fond d'organes communs à tous : la nature
« se refuse à en employer de nouveaux... » (*Dissertation sur les Makis.*
— *Magasin encyclopédique*, t. VII, p. 20.— 1796.)

Page 9... *Sans avoir fait une découverte.*

Cette plaisanterie est de M. Cuvier.
La vérité est que la structure des animaux était alors si peu connue,

qu'il était presque impossible de faire l'anatomie d'un animal sans apercevoir quelques détails organiques nouveaux.

Vers ce même temps (1797), Hermann, le célèbre naturaliste de Strasbourg, écrivait à Cuvier : « C'est au digne couple de Cuvier et de Geoffroy qu'il a été réservé de dévoiler bien des choses. »

PAGE 10. *Volney venait de renouveler l'idée que le peuple de l'ancienne Égypte avait appartenu à la race nègre.*

Voyez son *Voyage en Syrie et en Égypte*, au chapitre : *État politique de l'Égypte.*

PAGE 11. *M. Geoffroy semble avoir pris à tâche de justifier, en tant que naturaliste...*

Voyez son mémoire, intitulé : *Observations sur les habitudes attribuées par Hérodote aux crocodiles du Nil.* (*Annales du Muséum*, t. IX, p. 373. — 1807.)

PAGE 12. *M. Geoffroy s'était fait une étude particulière de la recherche attentive des poissons du Nil.*

« On peut assurer (disait M. de Lacépède dans un *Rapport* qui sera bientôt cité) que, grâce aux soins et aux voyages de M. Geoffroy, les poissons de ce fleuve sont aujourd'hui aussi bien connus que ceux des fleuves de nos climats. »

« Je n'aurais découvert (s'écriait M. Geoffroy, à l'aspect du *Polyptère Bichir*), je n'aurais découvert que cette seule espèce, qu'elle me dédommagerait des peines qu'un voyage de longue durée entraîne ordinairement... » (*Histoire naturelle des poissons du Nil*, p. 4.)

PAGE 12. *Celui qu'il désirait le plus étudier était le silure électrique.*

Voyez le résultat de cette étude dans son mémoire *Sur l'anatomie com-*

parée des organes électriques de la Raie torpille, du Gymnote engourdissant et du Silure trembleur. (*Annales du Muséum*, t. I, p. 392. — 1802.)

PAGE 12. *M. Geoffroy, indigné, propose à ses collègues...*

Voici à peu près dans quels termes l'ouvrage intitulé : *Histoire scientifique et militaire de l'Expédition française en Égypte*, raconte cet événement.
« Ce fut alors que, par un élan courageux, par une inspiration énergique,
« Geoffroy Saint-Hilaire sauva une partie que tout le monde considérait
« comme perdue. — Non, dit-il à l'envoyé du général anglais ; non, nous
« n'obéirons pas. Votre armée n'entre que dans deux jours dans la place.
« Eh bien! d'ici là le sacrifice sera consommé. Nous brûlerons nous-
« mêmes nos collections... Vous voulez la gloire d'un autre Omar, vous
l'aurez ! »

PAGE 13. *M. Geoffroy revint d'Égypte....., chargé des dépouilles de l'Orient.....*

Les collections de M. Geoffroy furent, dès leur arrivée à Paris, l'objet d'un rapport de M. de Lacépède, intitulé : *Rapport des professeurs du Muséum sur les collections rapportées d'Égypte par E. Geoffroy.* (*Annales du Muséum*, t. I, p. 17.)
Je cite tout de suite, comme complément du rapport de M. de Lacépède sur les collections de M. Geoffroy, le rapport de M. Cuvier, dont voici le titre : *Rapport sur un Mémoire du C^{en} Geoffroy, intitulé : Recherches sur les animaux du Nil connus des Grecs, et sur le système théogonique des anciens Égyptiens, fait à la première Classe de l'Institut national* (1802).

PAGE 13..... *Le même caractère, qui domine dans un groupe, peut n'être qu'un caractère subordonné dans un autre.*

Par exemple, les *dents*, caractère *supérieur* dans le groupe des animaux *carnassiers*, ne sont qu'un caractère *subordonné* dans le groupe des *chauves-souris*, dans celui des *marsupiaux*, etc., etc. Le caractère, tiré des *dents*, romprait, s'il était suivi, tous les rapports qui font une seule famille des *marsupiaux*, tous les rapports qui font une seule famille des *chauves-souris*, etc., etc.

« Il n'est en général, dit M. Geoffroy, aucun caractère dont on puisse
« assigner la valeur pour tous les cas possibles, et les dents n'offrent pas
« plus que d'autres parties du corps un moyen sûr de se soumettre à la
« règle de la subordination. » (*Sur les Phyllostomes et les Mégadermes*, deux genres de la famille des *chauves-souris*. — *Annales du Muséum*, t. XV, p. 157. — 1810).

PAGE 13. *La classification générale n'a d'autre mérite, à ses yeux, que le mérite négatif de ne pas rompre le rapprochement naturel, le rapprochement direct des espèces.*

« Je suis de l'opinion qu'une méthode parfaite ne saurait exister ; c'est
« une sorte de pierre philosophale dont la découverte est impossible. Pour
« mon compte, donnant à l'étude des rapports des êtres une attention toute
« spéciale, et porté par cette même étude à admettre qu'il est pour l'histoire
« naturelle quelque chose de plus important que ses classifications, de plus
« exact du moins, puisqu'il entre nécessairement de l'arbitraire dans la
« distribution et l'enchaînement des familles...... » (*Cours de l'histoire naturelle des mammifères*, leçon IV, p. 28.)

PAGE 14. *Il les avait commencées par l'étude comparée des membres...*

Voyez son mémoire intitulé : *Premier mémoire sur les Poissons, où l'on compare les pièces osseuses de leurs nageoires pectorales avec les os de l'extrémité antérieure des autres animaux à vertèbres* (*Annales du Muséum*, t. IX, p. 357. — 1807.) ;

Et son mémoire intitulé : *Second mémoire sur les Poissons. — Considérations sur l'os furculaire, une des pièces de la nageoire pectorale.* (*Annales du Muséum*, t. IX, p. 413. — 1807.)

Page 14. *Le crâne du crocodile, celui du poisson, se composent de vingt-cinq ou vingt-six os.....*

Sur le *crâne du crocodile*, voyez son remarquable mémoire, intitulé : *Détermination des pièces qui composent le crâne des crocodiles* (*Annales du Muséum*, t. X, p. 249. — 1807);

Et, sur le *crâne des jeunes oiseaux*, son mémoire, plus remarquable encore, intitulé : *Considérations sur les pièces de la tête osseuse des animaux vertébrés, et particulièrement sur celles du crâne des oiseaux.* (*Annales du Muséum*, t. X, p. 342. — 1807.)

Page 14. *Là, tous les os primitifs, qui se réuniront plus tard en quelques os complexes...*

« ..... Toutefois j'ai cru un moment que, nonobstant toutes ces réduc-
« tions, le crâne des poissons renfermerait encore plus de pièces que n'en
« montre celui des autres animaux vertébrés; mais j'en ai pris une autre
« opinion, dès que j'ai eu songé à considérer les os du crâne dans un âge
« plus rapproché de celui de leur formation. Ayant imaginé de compter
« autant d'os qu'il y a de centres d'ossification distincts, et ayant essayé
« de suite cette manière de faire, j'ai eu lieu d'apprécier la justesse de
« cette idée..... » (Mémoire ci-dessus cité : *Considérations sur les pièces de la tête osseuse des animaux vertébrés*, etc., p. 342.)

« Notre confrère M. Geoffroy, disait quelques années plus tard M. Cu-
« vier, a présenté à la Classe un travail général sur la composition de la
« tête osseuse des animaux vertébrés, qui offre des recherches très-ingé-
« nieuses et des résultats très-heureux. Pour expliquer cette multiplicité
« d'ossements que l'on trouve dans la tête des reptiles, dans celle des pois-
« sons, et même dans celle des jeunes oiseaux, M. Geoffroy a imaginé de
« prendre pour objet de comparaison la tête des fœtus des quadrupèdes,
« où l'on sait que bien des os, qui doivent se réunir dans l'adulte, se mon-
« trent encore séparés, et il est parvenu ainsi à ramener à une loi com-
« mune des conformations que la première apparence pouvait faire juger
« extrêmement diverses..... » (*Annales du Muséum*, t. XIX, p. 123.)

Page 15. *Il fut nommé.*

M. Geoffroy fut nommé membre de l'Académie le 14 septembre 1807. Parvenu à la vieillesse, il lui fut donné d'entrevoir aussi, comme il avait été donné aux anciens Geoffroy, une filiation de succès. Président de l'Académie en 1833, il reçut la touchante mission de proclamer son fils membre de ce Corps.

Page 16. *L'ouvrage, devenu depuis si fameux, sous le titre de Théorie des analogues ou de Philosophie anatomique.*

Le titre exact et complet de cet ouvrage est : *Philosophie anatomique.* — *Des organes respiratoires sous le rapport de la détermination et de l'identité de leurs pièces osseuses.* — Tome premier. — Paris, 1818.

Il se compose de quatre mémoires.

Dans le premier, les quatre os de l'appareil *operculaire* des poissons, l'*opercule*, l'*interopercule*, le *préopercule* et le *subopercule*, sont posés comme les analogues des quatre *osselets* de l'oreille de l'homme et des mammifères : le *marteau*, l'*enclume*, le *lenticulaire* et l'*étrier*.

Le second est une belle étude des *os* primitifs, des *éléments* distincts du *sternum*, dans les quatre classes des animaux vertébrés.

Le troisième, une étude, non moins belle, des *os*, des *pièces osseuses* distinctes de l'*hyoïde*.

Le quatrième est l'étude des *os intérieurs* de la poitrine, c'est-à-dire : dans les vertébrés *aériens*, des *os du larynx*, de la *trachée-artère* et des *bronches*, et, dans les *poissons*, des *arcs branchiaux*, des *dents branchiales* et des *lames cartilagineuses des branchies*.

Les quatre mémoires sont précédés d'un *Discours préliminaire*, exposition philosophique et supérieure des principes qui constituent la *théorie* de M. Geoffroy, la *théorie des analogues*.

« ..... La prévision à laquelle nous porte cette vérité, c'est-à-dire le pres-
« sentiment que nous trouverons toujours, dans chaque famille, tous les
« matériaux organiques que nous aurons aperçus dans une autre, est ce
« que j'ai embrassé dans le cours de mon ouvrage sous la dénomination
« de *Théorie des analogues*. »

Page 16. *L'unité de plan, de dessein, d'idée, avait donc été vue par Buffon; elle le fut, après Buffon, par Vicq-d'Azyr, par Camper.*

Voyez deux *Discours* de Camper « sur l'étonnante analogie qui se « trouve, dit-il, entre la structure du corps humain et celle des quadru- « pèdes, des oiseaux et des poissons. »

Vicq-d'Azyr disait : « La nature semble opérer toujours d'après un mo- « dèle primitif et général dont elle ne s'écarte qu'à regret, et dont on ren- « contre partout des traces... On observe partout ces deux caractères que « la nature semble avoir imprimés à tous les êtres, celui de la constance « dans le type et celui de la variété dans les modifications, etc. »

Page 17..... *Ces éléments, ces faits simples ont leurs lois, déterminées et fixes, de développement, de complication, de position relative.*

I. *Loi de développement.* Il y a, pour chaque organe, un *maximum* et un *minimum de développement*; et nul organe ne passe brusquement de l'un de ces états à l'autre. A plus forte raison, aucun organe ne disparaît-il jamais brusquement. Les *cétacés*, qui n'ont plus de membres postérieurs, ont encore un petit os, dernier vestige de ces membres, caché sous la peau ; les carnassiers, qui n'ont plus de clavicule, ont un petit os, dernier vestige de la clavicule, suspendu dans les chairs, etc., etc.

II. *Loi de complication*, ou (plus précisément) *de compensation*. Quand une partie se développe outre mesure, il arrive ordinairement que, par une sorte de *compensation*, une autre partie diminue ou même s'efface. Parmi les reptiles, la grenouille, qui a des membres, n'a pas de côtes; les serpents, qui ont beaucoup de côtes, n'ont pas de membres, etc.

III. *Loi de position relative*, ou *Principe des connexions*. Toutes les parties gardent toujours, les unes par rapport aux autres, la même place : le crâne par rapport aux vertèbres, les vertèbres par rapport aux membres, toutes les parties des membres les unes par rapport aux autres, etc.

Le principe des *connexions* est le grand principe, et, si je puis ainsi dire, le *principe agissant* de la théorie de M. Geoffroy ; c'est ce principe qui lui fait reconnaître, qui lui démasque chaque partie à travers toutes les mutations de *forme*, de *volume*, d'*usage*, etc. La *forme*, le *volume*, l'*usage*, etc., tout cela peut changer, et, en effet, tout cela change; une seule chose est invariable, la *position* : « Un organe, dit M. Geoffroy, un organe « est plutôt altéré, atrophié, anéanti que transposé. » (*Discours préliminaire* de l'ouvrage cité tout à l'heure : *Philosophie anatomique*, etc., p. 30.)

PAGE 18. *Le principe de l'arrêt de développement et le principe de l'attraction des parties similaires*.

Au moyen du premier de ces principes, M. Geoffroy explique tous les *monstres par défaut*; au moyen du second, il explique toutes les *monstruosités doubles*.

Les parties qui *font défaut*, qui *manquent*, qui n'existent qu'en *rudiment*, qu'en *vestige*, sont des parties *avortées*, des parties *arrêtées* dans leur développement.

Lorsque deux *fœtus*, deux *germes*, se réunissent (ce qui fait la *monstruosité double*), ils se *réunissent* toujours par leurs *parties similaires*, par des *tissus*, par des *organes* semblables. Le *cœur* d'un fœtus se réunit au *cœur* de l'autre fœtus, le *cerveau* de l'un au *cerveau* de l'autre, la moitié du *bassin* d'un fœtus à la moitié du *bassin* de l'autre, etc., etc.

Je n'oublie pas que M. Geoffroy appelle le principe de l'*attraction des parties similaires*, d'un nom plus abstrait, le principe de l'*attraction de soi pour soi*, et qu'il croit y voir une loi générale de la nature.

J'ai préféré ne considérer ici ce principe que comme un principe *physiologique*.

« J'ajouterai ici une réflexion, disait déjà Lémery, ou plutôt une conjec-
« ture, sur un fait très-répété et multiplié dans nos deux monstres :
« ce fait est que toutes les destructions ou régénérations de parties qui
« s'y sont faites, ne l'ont été que par l'action réciproque de deux par-
« ties semblables...... » (*Mém. de l'Acad. des sciences*, p. 351, an., 1740.)
« Ce que l'estomac aurait fait avec un autre estomac, et ce qu'il n'a pu faire
« avec un foie, ne donne-t-il pas lieu de conjecturer que l'homogénéité de
« substance permet dans le premier cas ce que l'hétérogénéité empêche
« dans le second? » (*Ibid.*, p. 354.) »

En 1822, M. Geoffroy rassembla ses premiers mémoires sur les *monstres* en un volume qu'il intitula : *Philosophie anatomique*.— Tome second. — *Des monstruosités humaines*.

En 1827, il publia, dans le *Dictionnaire classique d'histoire naturelle*, un article intitulé : *Considérations générales sur les monstres.*

Cet article est le résumé le plus précis et le plus élevé qu'il ait donné de ses théories sur les *monstres.*

En 1832, M. Isidore Geoffroy, réunissant ses propres études à celles de son père, a publié sur la *formation* et la *classification* des *monstres* l'ouvrage le plus important et le plus complet qu'on pût désirer sur cette matière. Cet ouvrage a pour titre : *Histoire générale et particulière des anomalies d'organisation.......* ou *Traité de Tératologie.*

PAGE 19. *En 1820, il voulut faire rentrer dans la même unité les animaux articulés.*

Voyez ses mémoires, intitulés :
Sur un squelette chez les insectes... (Lu à l'Académie le 3 janvier 1820);
Sur quelques règles fondamentales de philosophie naturelle (Lu le 17 janvier 1820);
Sur une colonne vertébrale et ses côtes dans les crustacés (Lu le 21 février 1820).

PAGE 19. *En 1830, il voulut y faire rentrer les mollusques.*

Voyez l'ouvrage cité dans la troisième note après celle-ci.

PAGE 20..... *Le vieux Gœthe applaudissait à ses arguments.*

Voyez l'écrit (plein d'intérêt) publié par Gœthe, en 1830, sous le titre de : *Dernières pages de Gœthe expliquant à l'Allemagne les sujets de philosophie naturelle controversés au sein de l'Académie des sciences de Paris.*

PAGE 20.... *C'est là qu'est le fait important et la véritable révolution, celle de l'esprit humain.*

Voyez l'ouvrage d'Eckermann, intitulé : *Entretiens avec Gœthe dans les dernières années de sa vie*; 3ᵉ partie. — Magdebourg, 1848.

PAGE 20. *Dans ce débat, où la discussion directe semblait ne porter que sur le nombre ou la position relative de quelques organes...*

Je ne donne ici, à proprement parler, que l'histoire *philosophique* de ce fameux débat. L'histoire *anatomique* me demanderait presque autant de pages que l'éloge même, et des détails qu'un éloge ne saurait comporter, même dans des notes. Je la donnerai ailleurs.

PAGE 21. *M. Geoffroy publia le résumé de ses opinions.....*

Voyez son ouvrage intitulé : PRINCIPES DE PHILOSOPHIE ZOOLOGIQUE, *discutés en mars* 1830, *au sein de l'Académie des sciences.* (Paris, 1830.)

PAGE 21. *Et M. Cuvier annonça qu'il allait publier le résumé des siennes sous le titre de...*

Voyez l'*Analyse des travaux de l'Académie des sciences*, année 1830, p. 63.

PAGE 23. *Dès l'origine de la Faculté des sciences...*

Il fut nommé professeur de la Faculté des sciences en 1809.

PAGE 23. *Toujours dominé par quelque mouvement généreux...*

La vie de M. Geoffroy est remplie d'actions généreuses et dévouées. Nous l'avons vu, à Saint-Firmin, exposer ses jours pour sauver ceux de ses anciens maîtres. En 1793, il recueillit sous son toit l'infortuné Roucher, l'auteur du poëme des *Mois*. En 1830, ce même toit devint l'asile de l'archevêque de Paris, Mgr de Quélen, menacé et poursuivi.

A un ami qui lui faisait remarquer à quel danger pouvait l'exposer ce nouvel acte de dévouement, M. Geoffroy répondit : « Passez-moi encore « celui-ci, je suis coutumier du fait. »

(40)

Page 24. *Voltaire avait osé dire de lui-même, dans un vers célèbre...*

On sait que Voltaire aimait à jouer la tragédie sur un théâtre qu'il avait fait élever dans sa maison. La première fois qu'il représenta, dans *Rome sauvée*, le personnage de Cicéron, quand il en vint à ce vers : *Romains, j'aime la gloire*, etc., « on ne sut, dit l'éditeur de Kehl, si ce noble aveu « venait d'échapper à l'âme de Cicéron ou à celle de Voltaire. »

Page 25... *Est un petit ermitage...*

Habité encore aujourd'hui par Mme Geoffroy, sa veuve, et par M. son fils.

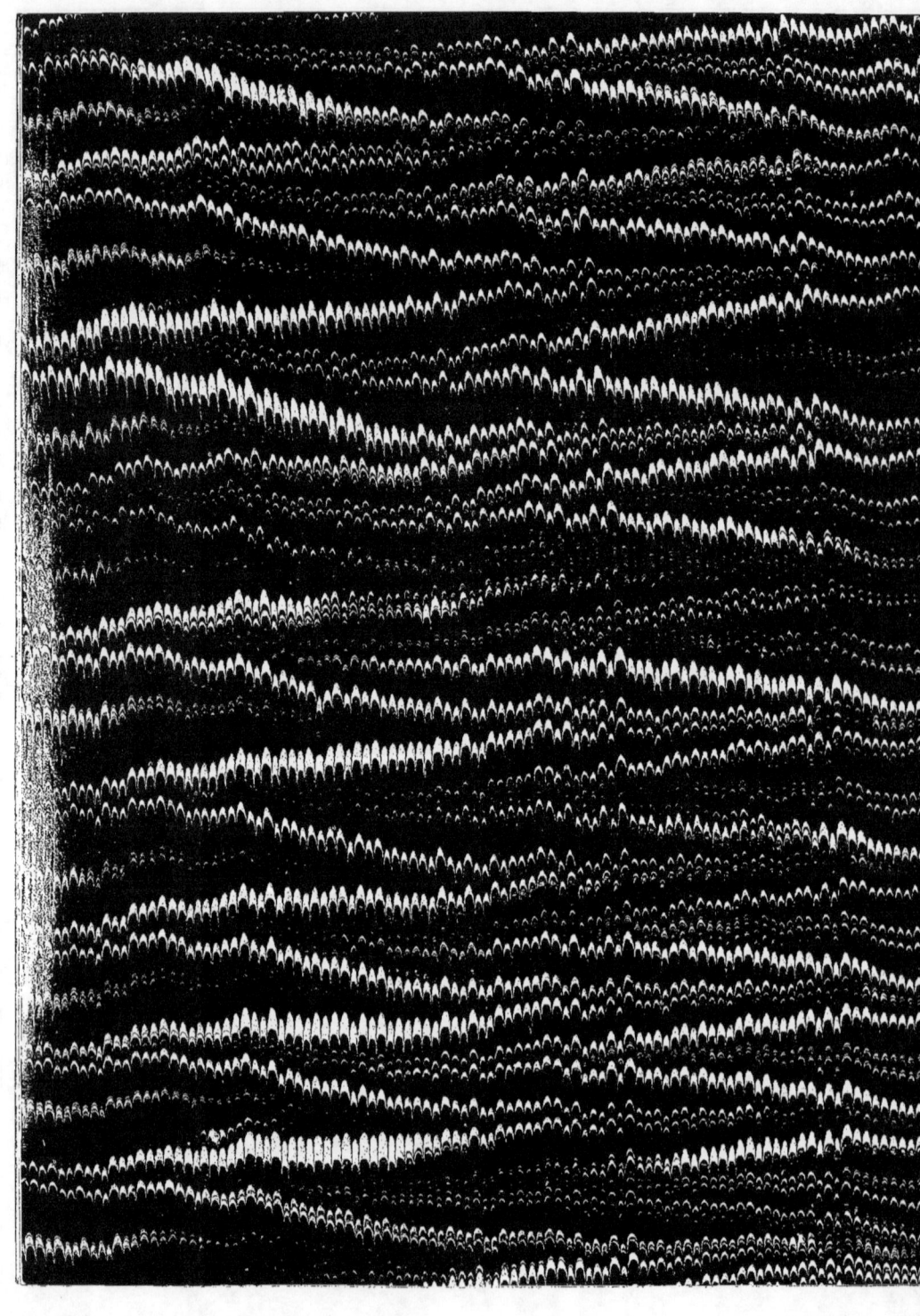

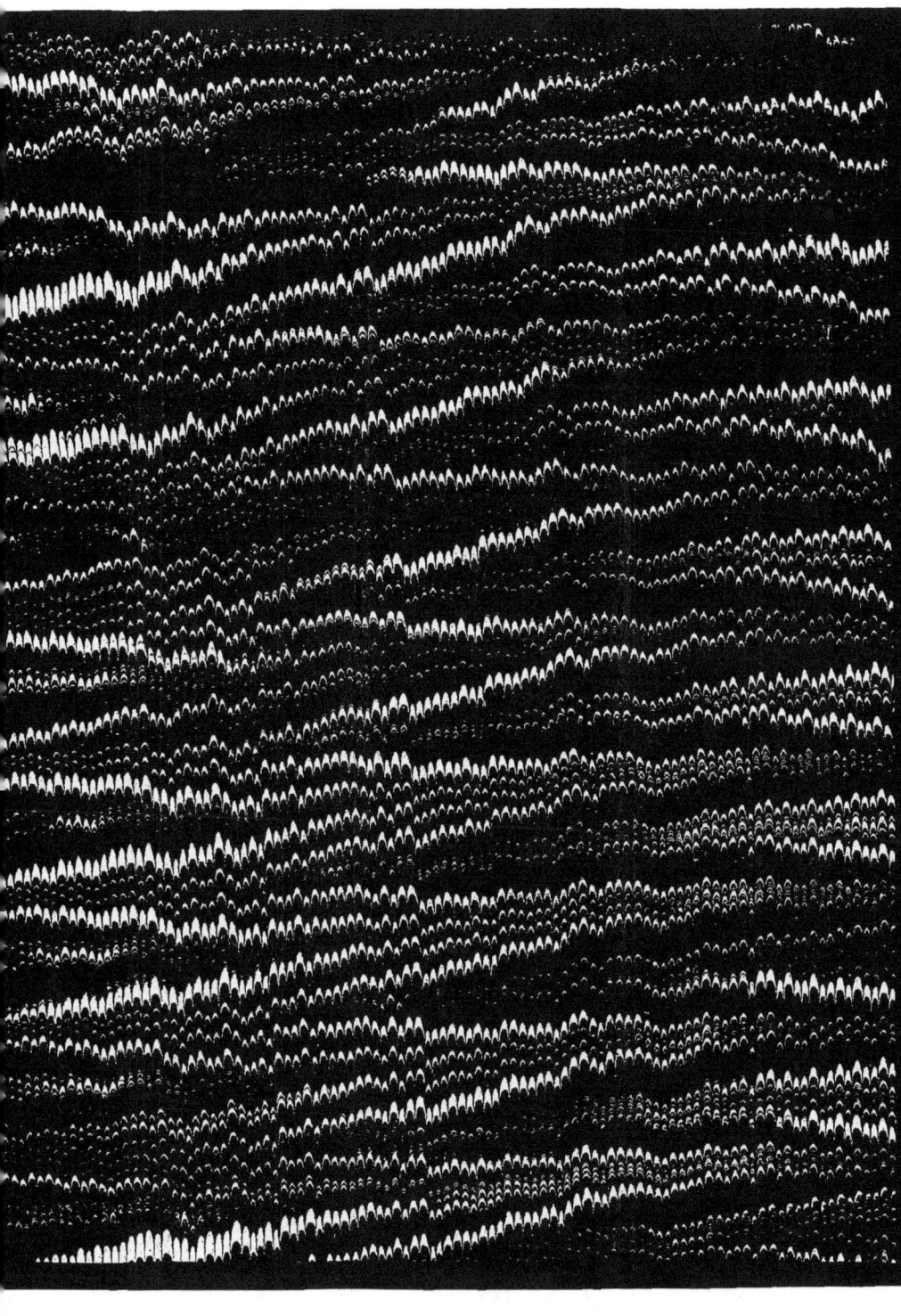

www.ingramcontent.com/pod-product-compliance
Lightning Source LLC
LaVergne TN
LVHW021701080426
835510LV00011B/1513